Ludovic de Danne

"Quelle Europe des Nations ?"

Confédération européenne

Manifeste

MMXX

copyright © 2020 Ludovic de Danne

Tous droits réservés.

ISBN :9798664577983

Pour une Europe des Nations et des peuples libres;
Pour une Europe de la coopération.

***

« *Pour pouvoir aboutir à des solutions valables, il faut tenir compte de la réalité. La politique n'est rien d'autre que l'art des réalités. Or, la réalité, c'est qu'actuellement l'Europe se compose de nations. C'est à partir de ces nations qu'il faut organiser l'Europe et, s'il y a lieu, la défendre.* »

Charles de Gaulle

« *L'Europe doit respirer avec ses deux poumons : celui de l'est et celui de l'ouest.* »

Jean-Paul II

Sommaire

Charte/Traité
Pour une Renaissance européenne

*****

Introduction

Réfléchissons un instant sur l'avenir de l'Europe et des Européens. Doit-on s'en tenir à une fracture entre deux caricatures avec, d'un côté un souverainisme « borné » et, de l'autre un européisme fédéraliste soumis au mondialisme ? Tentons plutôt de défendre une solution alternative positive qui soit plus claire et mieux définie. Imaginons et proposons un modèle qui puisse mettre un terme à la querelle sur un sujet plus que jamais légitime et d'actualité : l'avenir de la construction européenne.

Lorsqu'en mai 2005 les Français et les Hollandais ont voté contre le projet de Traité constitutionnel européen ou lorsque les Irlandais ont rejeté le Traité de Lisbonne en juin 2008, je demeure convaincu qu'ils n'ont pas tous dit NON à l'Europe. Je pense même que cette volte-face était un appel pour une construction différente de l'Europe. Un avertissement adressé aux technocrates jusqu'au-boutistes alors que l'incrédulité cédait le pas à une colère grandissante face aux dérives politiques et économiques de l'Union européenne. Une exaspération où le paroxysme fut atteint lorsqu'une majorité de Britanniques décida de voter pour le Brexit et la sortie de l'Union européenne en juin 2016.

On entend souvent parler de la nécessité d'une « Europe des Nations». Mais sous quelle forme exactement ? Quelles propositions concrètes et réalistes ont-ils réussi à exposer qui pourrait aujourd'hui avoir le potentiel de susciter l'adhésion ? Alors que l'urgence serait de mener une réflexion sur un projet efficace permettant une meilleure protection et une préférence européenne raisonnable au service des peuples européens d'abord. Alors qu'il est urgent d'établir un espace sécurisé rendu possible par une forme confédérale armée d'un encadrement institutionnel limité, horizontal et plus clair. Une confédération garantissant aux « États associés » leurs libertés fondamentales en vue de mieux traiter ensemble, plutôt que par la soumission à une entité supérieure non élue, des problèmes économiques, sociaux et internationaux communs. Une refondation nous permettant de faire face aux périls qui pèsent sur les Européens par la coopération et non par la menace de sanctions ou l'influence même de puissances non européennes qui traitent l'Europe en vassale et champ de bataille expérimental depuis trop longtemps.

Il est temps de soumettre aux peuples une charte ou un traité instaurant une forme de construction européenne intermédiaire qui nous protégerait à la fois d'un super État fédéraliste ou d'un repli sur soi des Nations. Repli qui constituerait un décrochage dangereux et qui mettrait fin à la possibilité d'évoluer vers des mécanismes de sauvegarde plus efficaces que ceux de l'actuelle Union Européenne afin de garantir la paix et instaurer un cercle vertueux pour le retour de la croissance.

La coopération et la solidarité entre les Européens demeurent nécessaires tant le défi de la mondialisation, en plus de la crise démographique et migratoire mondiale, a été extrêmement mal négociée durant des décennies. Un ensemble de problèmes qui ont d'ailleurs fini par dénaturer et transformer une grande partie du continent européen en un territoire désenchanté en terme civilisationnel tout en plongeant progressivement les populations dans le pessimisme et la paupérisation.

Le commerce international a toujours existé et demeure important à plus d'un titre. Mais ce qui s'est déroulé depuis les années 1970 a fait apparaître des dérives transformant nos économies en des zones décortiquées ou la bureaucratie et le fiscalisme incohérents nous ont désarmés face à une concurrence déloyale féroce. Alors que dans le même temps, la consommation par l'illusion d'un endettement massif a augmenté au même rythme que nos économies étaient désossées par le laisser faire laisser aller des apprentis sorciers de l'ultra libéralisme. Idéologie défavorable pour la majorité des citoyens des pays européens et que la crise du Covid-19 aura largement fait apparaître au regard de notre flagrante dépendance dans de nombreux secteurs stratégiques.

Cette nouvelle dynamique peut sauver l'Europe du trop-plein bureaucratique, des pièges de la mondialisation favorisant largement l'appétit d'autres grandes puissances. Une énergie nouvelle afin que les peuples européens gardent à l'aube du troisième millénaire la maîtrise de leur avenir et de leur culture en tant que « communauté de destin ». Il est bien trop tôt pour pouvoir imaginer la réalisation d'une Nation européenne qui, outre son intérêt discutable, exigerait une langue et un système unique. Une idéologie universaliste illusoire qui ne fera que tirer un peu plus vers le bas la richesse culturelle des peuples européens par l'uniformisation et la médiocrité.

Chaque nation souveraine, chaque peuple constitué par l'histoire a le droit de conserver son identité. Une identité qui certes mute avec le temps mais qui, pour nos contemporains, va, par échelon de conscience, du local au régional, du national à l'européen. La citoyenneté européenne, avant la citoyenneté mondiale, n'est pas pour aujourd'hui ou du moins pas pour tout le monde. Les fédéralistes dans leur vanité ne voient pas le fossé qui sépare l'élite mondiale qu'ils représentent, ayant accès à des moyens disproportionnés leur donnant le sentiment d'avoir une conscience et une citoyenneté planétaire, du reste de la masse écrasante des peuples dont la réalité quotidienne fait que leur sentiment d'appartenance est totalement différent.

Cette observation bienveillante s'adresse tant aux courants eurosceptiques/eurocritiques, des « anti Europe » aux alter-Européens sans projet concret, qu'aux fédéralistes. Les Nations européennes doivent s'entendre au nom d'une paix durement acquise. Une Paix qui fut garantie par l'extraordinaire croissance économique d'après-guerre plus que par l'idéologie actuellement dominante. Elles doivent aussi s'offrir les conditions de coopérations leur permettant de s'assurer une prospérité et une sécurité à la fois individuelles et communes. Un système confédéral qui leur restituera aussi la souplesse leur permettant de renégocier plus efficacement leur place au sein de la mondialisation. Ce qui devra passer par la définition et l'instauration d'un protectionnisme raisonnable du marché commun au sein d'une **construction européenne de la coopération et non de la soumission.**

Ce projet vise à pérenniser la liberté et la prospérité, sous la forme d'une coopération, entre des peuples nés d'un même héritage civilisationnel, grâce au bouclier, à la "table ronde" que constituerait une Confédération européenne.

14

Le Fédéralisme nuit à la liberté

Ce plaidoyer pour une renaissance européenne est l'expression d'une opposition motivée et positive au système actuel. L'Europe n'est pas, ou n'est pas encore, un espace anonyme avec une langue et une culture métissée ou universelle unique, ou pire le lieu d'un communautarisme exacerbé qui pourrait par exemple justifier l'instauration d'un fédéralisme autoritaire.

Évoquons d'abord ce que la forme confédérale peut remplacer pour permettre la renaissance d'une autre Europe, à la fois redynamisée, protectrice, au service des peuples et fidèle à son identité, sa civilisation.

Éviter l'émergence des « États-Unis d'Europe » peuplés d'individus déracinés et voués à un pure mercantilisme.

L'actuelle construction européenne tend vers le fédéralisme en tant que bloc d'expérimentation citoyenne et commerciale inédit au sein de la mondialisation sauvage : une volonté politique dominée par l'idéologie ultra libérale. Raison pour laquelle une grande partie de l'élite européiste souhaite voir s'accélérer ce fédéralisme (en plus de l'entrée de la Turquie dans l'Union européenne et d'autres extensions au Maghreb et au Moyen-

Orient) avec des tentatives à la limite du coup d'État, notamment par le biais de feu le projet de traité Constitutionnel et de son clone, l'actuel traité de Lisbonne.

Ces objectifs purement marchands et technocratiques ne visent qu'a renforcer l'illusion d'une « société de loisirs » offerte par des « giga entreprises » aux dépends de l'économie réelle, à taille humaine elle, des indépendants, TPE, PME et PMI. Visant aussi à fonder une « zone » où s'unifieraient des peuples du niveau local, régional et national en un immense territoire désincarné de travailleurs et chômeurs consommateurs surendettés pour le profit de multinationales toujours plus tentaculaires et dominées par de futurs trilliardaires plus puissants que des États.

De façon pratique au niveau institutionnel : une fédération, telle qu'envisagée à Bruxelles, dominerait un peu plus les nations pour n'en faire que des entités semi autonomes dotées de gouvernements fantoches n'ayant plus de réels pouvoirs. Cette dérive totalitaire qui pourrait se servir de la nouvelle vague technologique de type «Big data» comme c'est le cas en Chine, est un risque que veulent saisir les mondialistes et qu'il nous faut absolument combattre. Les crises sanitaires, présentes et futures, ainsi que l'aggravation d'une récession économique qui ne date pas d'aujourd'hui permettront l'accélération d'un tel projet grâce à la peur et au panurgisme spectaculaire d'êtres de plus en plus déracinés et facilement manipulables.

Le risque d'une nouvelle Constitution européenne fédéraliste.

Le Brexit, toujours inachevé au moment où j'actualise ce manifeste en ce début de IXè législature européenne, les a effrayés. Les fédéraux-mondialistes voudront probablement imposer à terme un nouveau texte où il ne sera plus possible de faire marche arrière. Le Traité de Lisbonne modifié se dotera éventuellement de verrous supplémentaires, donnant la garantie aux partisans du fédéralisme de ne plus voir l'intégrité de l'UE remise en cause par la décision unilatérale d'une nation. Les États fédérés devront se plier à tout et ne disposeront plus, ou dans une forme plus sournoise, de l'actuel article 50 du droit de sécession. Un nouveau mécanisme pourrait émerger qui rendrait le processus trop compliqué, trop cher et surtout trop long et donc à la merci du premier revirement électoral qui rétablirait l'alignement pro fédéral d'un État.

Le renforcement de la hiérarchie verticale de l'UE menacera brutalement la liberté des nations et de leurs peuples.

Si pour des raisons nationales ou internationales

sérieuses (crise monétaire, élargissements, terrorisme, pandémies) la France, l'Autriche ou la Roumanie souhaitaient ne plus suivre une politique européenne considérée comme contraire ou nuisant gravement à leurs intérêts, elles ne pourraient pas quitter la Fédération librement et devraient se soumettre à l'arbitraire et potentiellement se retrouver en situation de guerre civile européenne. L'ex-Yougoslavie pouvant légitimement servir d'exemple historique crédible dans cette hypothèse.

Un compromis démocratique

Assurer la liberté, l'identité des Européens et le progrès d'une civilisation

Au nom de la liberté et de la démocratie, au nom du droit des peuples à disposer d'eux-mêmes, mais également pour le nécessaire maintien d'une construction européenne, le choix de la confédération est le plus judicieux, et semble s'imposer.

Ce postulat veut convaincre ou du moins sensibiliser la frange des eurosceptiques souhaitant un repli des nations, donc la mise à mort de l'idée de solidarité européenne alors qu'en certains domaines, les Européens sont préoccupés par les mêmes soucis socio-économiques et menacés par les mêmes dangers au niveau international. Il est possible de trouver une troisième voie entre l'isolationnisme d'un repli national mal géré ou d'une bureaucratie supranationale autoritaire.

Il ne s'agit pas de faire de l'Europe une «forteresse», terme habile des ennemis de l'Europe réelle. Il s'agit d'abord d'empêcher la destruction culturelle, économique, spirituelle et politique de notre continent et de ses peuples.

Définition de la « Confédération européenne »

« *La Confédération européenne est une association d'États européens souverains par le moyen d'une Charte ou d'un Traité. Elle permet l'exercice de certaines compétences par le biais d'organes communs destinés à coordonner des politiques requérant l'unanimité dans un certain nombre de domaines, sans jamais se constituer en une puissance supérieure aux États associés.* »

On la retrouve au sein du projet de « préambule »

« *La Confédération européenne est une association d'états et nations européens. Le Traité/Charte confédéral définit la méthode institutionnelle de coopération permettant l'égalité des Nations, le maintien de la paix et une prospérité durable. La Confédération européenne a pour but de mettre au service de tous le meilleur de chacun* »

Cette définition est à l'opposé de celle de la fédération supranationale.

Ce modèle original de confédération européenne n'est pas une étape menant à une fédération, comme ce fut le cas en Suisse. Son modèle est différent et trouve sa garantie de stabilité et de durée dans la nature même de l'Europe. En plus de sa superficie, il y a le facteur de sa très grande diversité. Une diversité tant culturelle que linguistique, spirituelle, économique et politique. Ce fait doit être considéré comme un gage nous mettant à l'abri d'une harmonisation tous azimuts absurde, antidémocratique et faite à marche forcée.

23

Traité / Charte
Pour une Renaissance européenne

Préambule

La Confédération Européenne « CE » est une association libre d'États-Nations européens.

Le Traité/Charte confédéral(e) définit la méthode institutionnelle de coopération permettant l'égalité des Nations coopérantes, pour le maintien de la paix et une prospérité durable.

La Confédération Européenne a pour but de mettre au service de tous, le meilleur de chacun.

***

Nous inspirant d'un héritage légué par l'histoire européenne,

Certains que l'Europe est une réalité fondée sur des frontières civilisationnelles et géographiques,

Convaincus que les peuples des Nations d'Europe doivent vivre dans la paix et la confiance,

Persuadés que les peuples des Nations d'Europe doivent pouvoir rester libres mais savoir coopérer afin d'assurer un avenir meilleur, individuellement et collectivement,

Assurés que les États libres d'Europe, renforcés par une coopération consentie, s'offrent les meilleures chances de garantir un avenir de prospérité et de paix, de solidarité et d'ordre afin de préserver les générations futures,

Résolus à trouver une issue aux problèmes institutionnels, politiques et économiques issus des différents traités de l'Union Européenne,

Reconnaissants envers les Européens libres et de bonne volonté d'avoir travaillé à la fondation de ce Traité/Charte confédéral pour le bien commun,

Les gouvernements des États associés, après consultation des peuples d'Europe, disposent :

Buts de la Confédération européenne

Le Traité/Charte instituant la Confédération Européenne a pour but de garantir :

* la Paix * la Liberté * la Prospérité * la Sécurité * l'Indépendance * La Solidarité

La Paix : les deux guerres mondiales furent la cause d'un suicide collectif civilisationnel, l'accélération du désenchantement du monde englué dans la fadeur d'un mondialisme consumériste. Mais ces guerres passées ont modelé malgré tout des territoires et des consciences. Ces faits historiques, entre autres, ont donné aux individus la conscience d'appartenir à une communauté de destin avec des degrés variés. Du local, au régional, du national à l'européen. Ce sang versé et ces sacrifices obligent à ce qu'une paix durable soit maintenue au nom du bien commun.

La Liberté : la liberté des femmes et des hommes, des Nations et des Peuples. La liberté d'expression, religieuse et de conscience, la liberté et le droit de se défendre, la liberté économique, la liberté de se déplacer en sécurité. La Confédération sera préférée à toute forme institutionnelle supranationale afin de nous prémunir des dérives naturelles d'un super-État autoritaire visant à tout harmoniser par la bureaucratie ou par la force.

La Prospérité : la paix et la liberté contribuent au fonctionnement d'un marché intérieur et d'une zone économique déterminée par des règles avantageuses permettant une croissance économique ainsi qu'une protection sociale et une solidarité de fait. Dans la réalité, le maintien de ces garanties doit passer par la préférence et la protection à la fois nationale et communautaire des travailleurs, la reconquête du marché intérieur et du soutien de la recherche au nom des intérêts supérieurs des Nations européennes. Le rétablissement du droit des États associés à emprunter à leurs banques centrales sans intérêts.

La Sécurité : les menaces communes qui pèsent sur les Européens en matière de terrorisme, de radicalisme religieux du fait d'une pression migratoire extra européenne incontrôlée notamment, de risques écologiques et sanitaires sérieux demandent une protection communautaire supplémentaire et concertée pour garantir la santé, la paix, la liberté et l'indépendance des Nations et peuples d'Europe.

L'indépendance : l'Europe confédérale ne peut être la vassale d'aucune puissance étrangère ou d'institutions internationales qui ne lui permettent pas de s'épanouir. Elle doit retrouver et assurer son indépendance politique, diplomatique, économique et technologique tout en favorisant un modèle de partenariat respectueux avec les autres grandes puissances mondiales. Du fait d'une instabilité internationale croissante, les nations associées à l'Europe libérée, doivent reprendre une place prépondérante du fait d'une expérience politique, militaire et diplomatique millénaire.

La Solidarité : les Nations et peuples européens se devront une assistance mutuelle en cas de crises et face aux menaces qui pèsent sur leurs intérêts communs. Une politique d'aide aux pays pauvres européens doit être maintenue sous conditions strictes ainsi. La redéfinition de la solidarité internationale de la CE agira en vue d'un nouveau partenariat conditionné et efficace à destination des pays pauvres extra européens pour leur développement économique et politique visant à l'arrêt de leur émigration et au retour des populations ayant été économiquement et/ou militairement déplacées.

I - Définition des valeurs de la CE

Article I-1 Établissement de la CE

Inspirée par la volonté des peuples et Nations libres d'Europe de vivre en paix et de permettre la prospérité entre eux et le reste du Monde.

Le présent Traité/Charte établissant une Confédération Européenne coordonne les politiques des États associés visant à atteindre ensemble et d'un commun accord les objectifs d'une paix durable et d'une prospérité économique réelle.

La Confédération Européenne est ouverte à tous les États européens où la volonté d'adhésion s'est exprimée par la voie du référendum.

L'adhésion d'un État européen, suite au référendum, est validée par une décision prise à l'unanimité des États associés de la Confédération Européenne par la voix du Conseil confédéral européen.

Article I-2 Les valeurs de la CE

La Confédération Européenne est fondée sur les valeurs communes de respect de la souveraineté des Nations d'Europe, du droit des peuples à disposer d'eux-mêmes, de la coopération des États associés, de la liberté, de la justice, de l'esprit d'entreprise, de la solidarité, de l'égalité des chances par le mérite, du respect de la vie humaine, du respect de l'identité et de la spiritualité des peuples européens.

Article I-3 Les objectifs de la CE

La Confédération européenne a pour but de promouvoir la paix entre ses Nations souveraines, ses peuples libres et le reste du monde.

La Confédération européenne veut défendre l'intégrité culturelle et spirituelle de la civilisation européenne et garantir le respect de son indépendance économique, politique et militaire.

La Confédération européenne offre à chaque européen un espace commun de liberté, de sécurité et d'accès prioritaire à une zone économique avantageuse.

La Confédération européenne recommande la justice et la solidarité pour tous au sein des États-Nations. L'égalité entre les femmes et les hommes, la solidarité entre les générations et la protection des droits de l'enfant.

La Confédération européenne, œuvrant pour la paix et la stabilité, établit la confiance nécessaire pour le développement de règles ajustées permettant une croissance économique durable pour chacun des États associés ainsi que la solidarité entre ces États.

La Confédération européenne promeut des

objectifs de préservation de la nature et de l'utilisation raisonnée de la science au nom de l'environnement, des énergies renouvelables et nouvelles technologies.

Article I-4 La CE et les États associés

La Confédération Européenne se porte garante de l'égalité au sein du mécanisme de coopération entre les États associés ainsi que du respect de leur identité nationale, inhérente à leurs structures fondamentales politiques et constitutionnelles. Elle respecte les fonctions régaliennes de chaque État associé.

En vertu du principe de coopération, la Confédération Européenne et les États associés se respectent et s'assistent mutuellement en cas de crise globale ou particulière.

Article I-5 Le droit de la CE

La Confédération Européenne, dans l'exercice des compétences qui lui sont attribuées, défend les intérêts de l'association libre de ses États associés, dont est garanti la souveraineté et le respect des lois et coutumes. Seuls les accords de la Confédération européenne décidés à l'unanimité sont applicables au sein et entre les États associés

Article I-6 Personnalité juridique

La Confédération Européenne est dotée d'une personnalité juridique particulière.

Cette personnalité ne se superpose pas à celle des États associés.

Elle est associée à ces dernières.

Article I-7 Attributs de la CE

L'emblème de la Confédération Européenne représente (...). Au sein des États associés, il est le second, troisième voire quatrième drapeau officiel selon l'ordre de disposition présent. Nation / Région / Commune / Confédération.

La devise de la Confédération Européenne est : « **Alliés dans la paix** »

La monnaie utilisée au sein de la CE est soit nationale soit commune. Suite à sa refondation en une entité confédérale, un référendum devra déterminer quels États associés souhaitent demeurer dans la zone euro ou pas.

Pièces & billets en euro ont une face commune & une face nationale.

II - Droits et devoirs au sein de la CE

Article II - 1 La CE et le droit des États associés

La Confédération Européenne reconnaît la souveraineté, les droits régaliens, les libertés et les principes communs des États associés.

Le droit de retrait par référendum est garanti aux États associés, au nom du droit des peuples à disposer d'eux-mêmes.

Article II - 2 Appartenance à la CE

Toute personne possédant la nationalité d'un État associé est membre de la Confédération Européenne. La citoyenneté demeure nationale, elle garantit le droit à un déplacement sans visas mais à l'appréciation des autorités douanières des pays associés au sein de la Confédération.

Les habitants de la Confédération Européenne jouissent des droits et devoirs de leurs États respectifs et jouissent en commun des droits et devoirs décidés à l'unanimité entre les États associés. Ils ont :

Le droit de circuler et de séjourner sur le territoire des États associés ; l'obligation de respecter les droits et devoirs du pays où ils séjournent.

Les citoyens d'un pays associé de la Confédération

ont l'obligation d'avoir les connaissances de base du langage, des lois et institutions du pays d'accueil où ils désirent résider pour une durée indéterminée.

Le droit de vote et d'éligibilité aux élections du **Parlement des Nations**. Le droit de vote aux élections municipales dans l'État associé où ils résident depuis 5 ans au moins, dans les mêmes conditions que les ressortissants de cet État.

Le droit de bénéficier, sur le territoire d'un pays tiers où l'État associé dont ils sont ressortissants n'est pas représenté, de la protection des autorités diplomatiques et consulaires de tout autre État associé dans les mêmes conditions que les ressortissants de cet État.

Le droit d'adresser des pétitions au Parlement des Nations ainsi que le droit de s'adresser aux institutions et aux organes consultatifs de la Confédération Européenne dans l'une des langues des États associés de la Confédération Européenne et de recevoir une réponse dans la même langue.

III - Les compétences de la CE

Articles III-I Principes fondamentaux

Le principe d'attribution régit la délimitation des compétences de la Confédération Européenne. La Confédération Européenne est une organisation para-étatique intergouvernementale qui agit dans les limites des compétences que les États associés lui ont attribuées. Toute compétence non attribuée à la Confédération Européenne appartient aux États associés.

La Confédération Européenne ne dispose d'aucune compétence exclusive, et ce, dans aucun domaine. Les compétences choisies sont partagées. Elles permettent d'appuyer, de coordonner ou de compléter l'État associé dans certains domaines. L'exercice des compétences par un nombre limité d'états associés est toujours possible grâce au mécanisme des coopérations renforcées.

Le contenu et la forme de l'action de la Confédération Européenne n'excèdent pas ce qui est nécessaire pour atteindre les objectifs. Les gouvernements et parlements nationaux veillent au respect de ce principe.

Article III-2 Catégories de compétences

La Confédération Européenne ne peut légiférer et

adopter des actes juridiquement contraignants qu'à l'unanimité des États associés.

Au sein de la Confédération Européenne, les États associés légifèrent et adoptent des actes juridiques internes dans tous les domaines, à l'exception des domaines ou des actes juridiquement contraignants qui ont été pris à l'unanimité de ses associés, au nom de l'intérêt général de la Confédération Européenne et de ses associés.

Dans certains domaines et dans les conditions prévues par le Traité/Charte, la Confédération Européenne dispose d'une compétence pour mener des actions pour appuyer, coordonner ou compléter l'action des États associés défaillants, sans pour autant remplacer leurs compétences dans ces domaines.

Article III-3 Les domaines de compétence partagée, non régaliens.

La Confédération Européenne dispose d'une compétence partagée avec les États associés

Les compétences partagées au sein de la Confédération Européenne se limitent aux domaines qui suivent :

a) le marché commun,

b) les menaces globales en matière de sécurité,

c) les menaces globales en matière sanitaire,

d) les domaines de la recherche, du

développement technologique et de l'espace,

e) l'environnement ;

La Confédération Européenne dispose d'une compétence pour mener des actions, notamment pour définir et mettre en œuvre des programmes, sans que l'exercice de cette compétence ne puisse avoir pour effet d'empêcher les États associés d'exercer la leur et de coopérer entre eux selon leur choix.

Dans les domaines de la coopération au développement et de l'aide humanitaire, la Confédération Européenne dispose d'une compétence pour mener des actions et une politique commune, sans que l'exercice de cette compétence ne puisse avoir pour effet d'empêcher les États associés d'exercer la leur.

Article III-4 Les domaines de compétence directe sous contrôle

La Confédération Européenne dispose d'une compétence directe et contrôlée au service des États associés dans les domaines suivants :

a) L'établissement des règles de concurrence et de préférence communautaire nécessaires au fonctionnement du marché intérieur,

b) la politique monétaire pour les États associés dont la monnaie demeurera l'euro (redéfinition du rôle de la Banque Centrale Européenne/Banque centrale nationale),

c) Les contrôles renforcées (coopération police/justice) aux frontières extérieures.

Article III-5 La politique confédérale de sécurité : « La solidarité de défense commune »

La Confédération Européenne, non belliqueuse dans sa philosophie, dispose d'une compétence contrôlée en commun et à l'unanimité pour définir et mettre en œuvre une politique défensive de sécurité. Cette compétence ne peut empêcher les États associés d'exercer la leur et de coopérer entre eux selon leur choix.

En cas de menace d'un pays tiers vers l'un des États associés, c'est toute la Confédération Européenne qui est menacée. S'applique alors le principe de « solidarité de défense commune » où la Confédération Européenne unifie son territoire pour la durée de la crise et où chaque État associé aide diplomatiquement voire militairement l'État associé agressé.

Les États associés appuient activement la politique de sécurité décidée en commun dans un esprit de loyauté et de solidarité mutuelle. Ils s'abstiennent de toute action contraire aux intérêts de la Confédération Européenne ou susceptible de nuire à son efficacité.

IV - Les institutions et organes de la CE

Article IV-1 Les institutions de La Confédération Européenne

La Confédération Européenne dispose d'un cadre institutionnel visant à servir les intérêts des peuples des États européens associés. Ce cadre institutionnel comprend :

Le Parlement des Nations,
Le Conseil Confédéral Européen,
Le Conseil des Ministres,
La Cour de Justice Confédérale.

Chaque institution agit dans les limites des attributions qui lui sont conférées dans le Traité/Charte, conformément aux procédures et conditions prévues par celui-ci. Les institutions pratiquent entre elles une coopération loyale.

Article IV-2 Le Parlement des Nations.

Le Parlement des Nations exerce, conjointement avec le Conseil Confédéral Européen, les fonctions de proposition législative et budgétaire. Il exerce des fonctions consultatives et de propositions politiques conformément aux conditions prévues par le Traité/Charte.

Le Parlement des Nations est composé de représentants des citoyens des États associés de la Confédération Européenne. La représentation des citoyens est assurée de façon proportionnelle, avec un seuil minimum de six élus par État associé. Aucun État associé ne se voit attribuer plus de quatre-vingt-dix sièges. La chambre ne dépasse pas huit cents membres.

Le Conseil Confédéral Européen adopte à l'unanimité, sur initiative du Parlement des Nations et avec son approbation, une décision européenne fixant la composition du Parlement des Nations, dans le respect des principes visés au premier alinéa.

Les députés des États associés du Parlement des Nations sont élus au suffrage universel direct, libre et secret pour un mandat de cinq ans.

Le Parlement des Nations élit parmi ses membres son président, vice-présidents, questeurs et son bureau.

Article IV-3 Le Conseil Confédéral Européen

Le Conseil Confédéral Européen est le pivot de la Confédération. Il est composé des chefs d'État ou de gouvernement des États associés.

Le lieu de réunion du Conseil Confédéral Européen est tournant et doit se dérouler à chaque fois dans une capitale différente de l'un des États associés selon un ordre établi.

Le Conseil Confédéral Européen se réunit aussi sur proposition de son président. Lorsque l'ordre du jour l'exige, les membres du Conseil Confédéral Européen peuvent décider d'être assistés chacun par un ministre de leur choix.

Le Conseil Confédéral Européen se prononce à l'unanimité seule. En cas de vacance du pouvoir dans un État associé le Conseil Confédéral Européen doit suspendre sa décision sauf en cas de force majeure : catastrophe naturelle, menace de guerre, menace de pandémie.

/ Le président du Conseil Confédéral Européen

La présidence du Conseil Confédéral Européen se limite à un rôle technique. La présidence est tournante pour une durée de deux ans et demi non renouvelable. En cas d'empêchement, de fin de mandat national ou de faute grave, le Conseil Confédéral Européen peut mettre fin à ses fonctions selon la même procédure. Le président du Conseil Confédéral Européen :

a) préside et anime les travaux du Conseil Confédéral Européen,

b) assure la préparation et la continuité des travaux du Conseil Confédéral Européen en coopération avec les autres institutions,

c) œuvre pour faciliter la cohésion et le consensus au sein du Conseil Confédéral Européen,

d) présente aux institutions de la Confédération Européenne un rapport à la suite de chacune des réunions du Conseil Confédéral Européen,

Article IV-4 Le Conseil des Ministres de la CE

Le Conseil des Ministres exerce, conjointement avec le Parlement des Nations, les fonctions de proposition politiques et budgétaire.

Le Conseil des Ministres est composé d'un représentant de chaque État associé au niveau ministériel, habilité à engager le gouvernement de l'État associé qu'il représente et à exercer le droit de vote.

Le Conseil des Ministres statue à l'unanimité.

/ Les formations du Conseil des Ministres

Le Conseil des Ministres siège en différentes formations.

Le Conseil des Affaires générales assure la cohérence des travaux des différentes formations du Conseil des Ministres. Il prépare les réunions du Conseil Confédéral Européen

Le Conseil des Affaires étrangères analyse et élabore une action extérieure éventuelle de la Confédération Européenne à l'unanimité selon les lignes stratégiques fixées par le Conseil Confédéral Européen et assure la cohérence de l'action de la

Confédération Européenne.

Un comité des représentants permanents des gouvernements des États associés est responsable de la préparation des travaux du Conseil des Ministres.

La présidence des formations du Conseil des Ministres est assurée par les représentants des États associés au Conseil des Ministres selon un système de rotation égalitaire, conformément aux conditions prévues par une décision du Conseil Confédéral Européen.

Article IV-5 La Cour de justice confédérale

La Cour de Justice de la Confédération Européenne comprend la Cour de justice, le Tribunal et des tribunaux spécialisés. Elle assure le respect du droit confédéral *sui generis* dans l'interprétation et l'application du Traité/Charte. Elle n'a pas d'autonomie supranationale. La Cour de justice n'est pas une Cour constitutionnelle mais un médiateur permettant le règlement de litiges permettant le perfectionnement du mécanisme de coopération.

Les États associés établissent les voies de recours nécessaires pour assurer une protection juridictionnelle effective dans les domaines couverts par le droit confédéral *sui generis*.

La Cour de Justice de la Confédération Européenne est composée d'un juge par État associé. Elle est assistée d'avocats généraux. Le Tribunal compte un juge par État associé. Les juges et les avocats généraux de la Cour de Justice de la Confédération Européenne et les juges du Tribunal sont choisis parmi des personnalités offrant toutes garanties d'indépendance.

Ils sont nommés d'un commun accord par les gouvernements des États associés pour trois ans. Les juges et les avocats généraux sortants ne sont pas renommés.

La Cour de Justice de la CE statue :

a) sur les recours formés par un État associé, une institution ou des personnes physiques ou morales ; contre un État associé, une institution ou des personnes physiques ou morales ;

b) à titre préjudiciel, à la demande des juridictions nationales, sur l'interprétation du droit confédéral *sui generis*.

Article V- 1 La Banque Centrale Européenne «BCE»

Le rôle de la Banque centrale européenne est redéfini, notamment par la suppression de l'article 104 du traité de Maastricht. La BCE est la banque centrale de la Confédération européenne. Elle est chargée de prévoir et de coordonner les grandes orientations de la politique monétaire de la zone euro pour les pays ayant décidés de garder la monnaie commune. Un système d'alerte et de correction est mis en place par l'échange des bonnes pratiques des banques centrales nationales des États associés de la Confédération européenne.

La BCE refondée rend le droit aux États sortis de la zone euro à la création monétaire via les banques centrales nationales indépendantes.

La BCE refondée et les Banques centrales nationales récupèrent le droit à la création monétaire en la reprenant aux banques privées et ce aux fins d'un investissement public assaini et sans intérêts.

V - Cas de la Commission européenne

Le processus de décision en vigueur dans l'Union européenne est refondé.

Article V-1 Fin du monopole d'initiative

Le monopole d'initiative, droit conféré à la Commission européenne, et qui lui donnait mandat et obligation de faire des propositions sur les matières contenues dans le Traité/Charte de l'Union Européenne, est abrogé.

Afin d'empêcher toute dérive supranationale, les gardiens de la charte confédérale sont conjointement le Conseil Confédéral Européen et le Parlement des Nations.

L'initiative est un droit qui doit être fondé sur une légitimité démocratique. Légitimité qui appartient au Conseil confédéral européen et au Parlement des Nations seuls. La codécision s'applique.

La représentation diplomatique et les négociations internationales appartiennent aux États associés ou au Conseil Confédéral Européen lorsqu'il s'agit d'intérêts communs décidés à l'unanimité avec l'avis du Parlement des Nations.

Article V-2 Reconversion

La fonction de Commissaire européen, délivré de toute subordination nationale, est supprimée.

Les directions générales (D.G.) et services spécialisés qui seront maintenus sont rattachés au Conseil Confédéral Européen et au Parlement des Nations. Les fonctions de ces nouvelles unités ont à la foi des fonctions d'exécution et de recherche. Les directions générales (D.G.) et services spécialisés continuent aussi d'exercer leur rôle de consultation des différents groupes d'intérêt ainsi que des administrations nationales afin de fournir la base informelle permettant l'initiative du Conseil Confédéral Européen et du Parlement des Nations.

Les représentants des administrations nationales et régionales, les groupes d'intérêt et les lobbies continuent de siéger au sein de comités de gestion consultatifs : l'office des publications permet d'envisager des actions confédérales et/ou ciblées.

Les bâtiments et bureaux de l'ancienne Commission européenne sont répartis en fonction des besoins du Conseil Confédéral Européen et du Parlement des Nations.

Le Conseil Confédéral Européen doit permettre la fondation d'un Centre de Recherche Européen à partir de l'ancienne « D.G. Recherche » de la Commission Européenne. Ce Centre de recherche Européen se verra doté de moyens humains et matériel renforcés.

Conclusion

Au fur et à mesure des années passées au sein des institutions européennes, d'assistant parlementaire à Secrétaire Général d'un groupe politique, je me suis progressivement interrogé sur l'avenir des nations et peuples d'Europe face aux mécanismes institutionnels à la dérive de l'Union européenne.

Une initiative à la recherche d'un fonctionnement démocratique plus efficace et plus légitime dans le contexte historique qui est le nôtre. Pour cela je me suis notamment plongé dans la lecture de la convention européenne, de feu le projet de Traité Constitutionnel européen, puis du Traité de Lisbonne. Une première ébauche de cette piste pour une solution confédérale fut rédigée dès 2009. Un court essai que j'ai souhaité réactualiser à la suite de l'élection présidentielle française de mai 2017, du BREXIT et durant cette période d'un temps suspendu qu'aura été la crise du Covid-19.

Je ne suis convaincu ni par le souverainisme étroit, ni par le fédéralisme à vocation mondialiste et ultra libéral. N'ayant pas trouvé de réponse claire, j'ai cherché la mienne en souhaitant partager une vision, exprimer une sensibilité, en tant que patriote Français, en tant qu'Européen engagé, évoluant parmi d'autres Européens de la même sensibilité.

Loin de vouloir créer une utopie, j'ai souhaité donner la raison constructive de ma propre opposition au fédéralisme européen permettant d'alimenter le débat favorable à une autre Europe. Une Europe libérée de toute domination extérieure, une Europe de la coopération qui nous favorise économiquement, qui protège à la fois de l'immigration massive incontrôlée et du terrorisme, une Europe de la croissance certes mais aussi restée fidèle à sa civilisation plusieurs fois millénaire.

Comme je l'écrivais en préambule je demeure persuadé qu'en mai 2005 lorsque les Français et les Hollandais ont dit NON au projet de Traité Constitutionnel, lorsque les Irlandais ont rejeté le Traité de Lisbonne en juin 2008, ils n'ont pas tous dis NON à l'Europe, mais exprimé leur volonté de voir une construction différente de l'Europe.

Partant de ce constat, j'ai voulu réfléchir à une construction européenne alternative qui puisse aujourd'hui emporter l'adhésion collective. En vue de de proposer les grandes lignes d'une Charte ou d'un Traité refondateur instaurant une forme de construction européenne intermédiaire pouvant s'étendre jusqu'à la Russie. Projet qui nous protégerait à la fois du super État fédéraliste ou d'un repli sur soi des Nations menant à la fin de toute construction européenne. Parce que je suis persuadé qu'il est nécessaire que les Européens demeurent solidaires et coopèrent entre eux dans certains domaines face à une mondialisation sauvage mettant de plus en plus en péril l'objectif d'un monde multipolaire plus équilibré.

À PROPOS DE L'AUTEUR

Ludovic de Danne, né à Paris en 1975, est un ancien haut fonctionnaire français qui a fait carrière au sein du Parlement européen de 2004 à 2018.

Successivement, assistant parlementaire, conseiller politique puis Secrétaire Général du groupe parlementaire ENF, il a été un témoin privilégié des diverses étapes et transformations récentes de l'Union européenne.

"Mutatis mutandis". N'étant convaincu, ni par le souverainisme étroit, ni par le fédéralisme à vocation mondialiste et ultra libéral, Ludovic de Danne a cherché une réponse s'agissant de l'avenir de l'Europe. Il a souhaité mettre en forme et partager sa vision dans ce manifeste en tant que Français patriote et Européen engagé pour la paix et la prospérité.

Ludovic de Danne

"What Europe of Nations?"

European Confederation

Manifesto

MMXX

copyright © 2020 Ludovic de Danne

All rights reserved.

ISBN:9798664577983

For a Europe of free nations and peoples;
For a Europe of cooperation.

***

"In order to come up with valid solutions, you have to take reality into account. Politics is nothing other than the art of realities. However, the reality is that currently Europe is made up of nations. It is from these nations that we must organize Europe and, if necessary, defend it. "

Charles de Gaulle

"Europe must breathe with its two lungs: that of the east and that of the west. "

John Paul II

Confédération

Summary

***

Charter/Treaty
For a European Renaissance

64

Introduction

Let's take a minute to think about the future of Europe and Europeans. Should we stick to a division between two caricatures with, on the one hand, a "narrow-minded" sovereigntism or sovereignism and, on the other hand, a federalist Europeanism subject to globalization? Let us rather try to defend a positive alternative solution that is clearer and better defined. Let us imagine and propose a model that can put an end to the feud on a subject that is more legitimate and topical than ever: the future of European construction.

When in May 2005 the French and Dutch voted against the draft European Constitutional Treaty or when the Irish rejected the Lisbon Treaty in June 2008, I remain confident that they did not all say NO to Europe. I even think that this turnaround was a call for a different European construction. It was a warning to technocrats to the extreme, as disbelief gave way to growing anger at the political and economic excesses of the European Union. An exasperation that reached a climax when a majority of British people decided to vote for Brexit and the exit of the European Union in June 2016.

We often hear about the need for a 'Europe of

Nations'. But in what form exactly? What concrete and realistic proposals have they succeeded in outlining that might today have the potential to attract support? While the urgent need would be to reflect on an effective project allowing for better protection and a reasonable European preference in the service of the European peoples first. At a time when there is an urgent need to establish a secure area made possible by a Confederal form of armed confederation with a limited, horizontal and clearer institutional framework. A confederation guaranteeing the "associated states" their fundamental freedoms with a view to better addressing common economic, social and international problems together, rather than through submission to an unelected superior entity. A re-foundation allowing us to face the perils that weigh on Europeans through cooperation and not by the threat of sanctions or even the influence of non-European powers that have treated Europe as a vassal and an experimental battlefield for too long.

It is time to submit to the peoples a charter or a treaty establishing a form of intermediate European construction that would protect us from both a federalist superstate or a withdrawal of nations. A re-foundation that enables us to deal with the perils facing Europeans through cooperation and not through the threat of sanctions or the very influence of non-European powers that have treated Europe as a vassal and experimental battleground for too long.

Cooperation and solidarity among Europeans remain necessary as the challenge of globalization, in addition to the global demographic and migration crisis, has been extremely poorly negotiated for decades. A range of issues that have ended up distorting and transforming a large part of the European continent into a disenchanted territory in civilizational terms while gradually plunging people into pessimism and impoverishment.

International trade has always existed and remains important in many ways. But what has occurred since the 1970s has brought to light downward slides that have turned our economies into zones where inconsistent bureaucracy and taxation have left us helpless in the face of fierce unfair competition. In the meantime, consumption through the illusion of massive indebtedness has increased at the same rate as our economies were deboned by the letting go of the sorcerer's apprentices of ultra-liberalism. An ideology that is unfavorable for the majority of citizens of European countries and that the Covid-19 crisis will have largely revealed in view of our flagrant dependence in many strategic sectors.

This new dynamic can save Europe from the bureaucratic overflow, from the traps of globalization, which greatly increases the greed of other major powers. A new energy so that at the dawn of the third millennium the peoples of Europe can retain control of their future and their culture as a "common destiny". It is far too early to imagine the realization of a European nation which, in addition to its questionable interest, would require a single language and system. An illusory universalist ideology that will only pull down the cultural richness of the European peoples a little more by uniformity and mediocrity.

Every sovereign nation, every people made up of history has the right to retain its identity. An identity that certainly mutates with time but which, for our contemporaries, goes, by level of conscience, from local to regional, from national to European. European citizenship, before global citizenship, is not for today or at least not for everyone. Federalists in their vanity do not see the gap between the global elite they represent, having access to disproportionate means giving them the feeling of having a conscience and a global citizenship, from the rest of the overwhelming mass of peoples whose daily reality makes their sense of belonging totally different.

This benevolent observation is addressed both to Eurosceptic/Eurocritical currents, from "anti-Europe" to alter-Europeans without concrete plans, and to federalists. The European nations must agree in the name of a hard-won peace. A

Peace that was guaranteed by the extraordinary post-war economic growth more than by the prevailing ideology. They must also provide the conditions for cooperation to ensure individual and common prosperity and security. A confederal system that will also give them the flexibility to renegotiate their place in globalization more effectively. This will have to be achieved through the definition and establishment of reasonable protectionism of the common market within a **European construction of cooperation,** not submission.

This project aims to perpetuate freedom and prosperity, in the form of cooperation, between peoples born of the same civilizational heritage, thanks to the shield, to the "round table" that would constitute a European Confederation.

Federalism undermines freedom

This plea for a European renaissance is an expression of a motivated and positive opposition to the current system. Europe is not, or is not yet, an anonymous space with a single mixed or universal language and culture, or worse the place of an exacerbated communitarianism that could, for example, justify the establishment of authoritarian federalism.

Let us first of all consider what the Confederal form can replace in order to enable the rebirth of another Europe, at once revitalized, protective, at the service of peoples and faithful to its identity, its civilization.

Avoid the emergence of the "United States of Europe" populated by uprooted individuals who are doomed to pure commercialism.

The current European construction tends towards federalism as a block of citizen and commercial experimentation unheard of within the wild globalization: a political will dominated by ultra-liberal ideology. That is why a large part of the Europeanist elite wants to see the acceleration of this federalism (in addition to Turkey's entry into the European Union and other extensions to the

Maghreb and the Middle East) with attempts on the verge of a coup d'état, notably through the late draft Constitutional Treaty and its clone, the current Treaty of Lisbon.

These purely commercial and technocratic objectives only aim to reinforce the illusion of a "leisure society" offered by "gigantic companies" at the expense of the real economy, on a human scale, the self-employed, VSEs, SMEs and SMIs. The aim is also to establish an "area" where peoples at local, regional and national level would unite into a vast disembodied territory of over-indebted workers and unemployed consumers for the benefit of increasingly sprawling multinationals dominated by future trillionaires more powerful than states.

In practical terms at the institutional level: a federation, as envisaged in Brussels, would dominate nations a little more, turning them into semi-autonomous entities with puppet governments that no longer have real powers. This totalitarian drift, which could use the new wave of "Big Data" technology, as can be seen in China, is a risk that the globalists want to handle and which we must firmly fight. All present and future health crises, as well as the worsening economic recession that is not new or recent, will allow the acceleration of such a project thanks to the fear and spectacular herd-like behavior of human beings increasingly uprooted and easily manipulated.

The risk of a new federalist European Constitution.

Brexit, still unfinished as I update this manifesto at the beginning of the 9th European Parliament, frightened them. The federal-globalists will probably want to impose a new text in the long term where it will no longer be possible to turn back the clock. The amended Lisbon Treaty will eventually provide additional blocks, giving federalism supporters the guarantee that the integrity of the EU will no longer be called into question by a nation's unilateral decision. The federal states will have to comply with everything and will no longer have, or in a more devious form, the current Article 50 of the right of secession. A new mechanism could rise that would make the process too complicated, too expensive and above all too long and therefore at the mercy of the first electoral shift that would restore the pro-federal alignment of a state.

Strengthening the EU's vertical hierarchy will brutally threaten the freedom of nations and their peoples.

Even if for serious national or international reasons (monetary crisis, enlargements, terrorism, pandemics) France, Austria or Romania wished to no longer follow a European policy considered to be contrary or seriously detrimental to their interests, they could not leave the Federation freely, and they would have to submit to arbitrariness and potentially find themselves in a situation of European civil war. The former Yugoslavia can legitimately serve as a credible historical example in this hypothesis.

A democratic compromise

Ensuring the freedom, identity of Europeans and the progress of a civilization

In the name of freedom and democracy, in the name of the right of nations to self-determination, but also for the necessary support of a European construction, the choice of confederation is the wisest, and seems to impose itself.

This assumption aims to convince or at least raise awareness among the fringe of Eurosceptics who want to see a retreat of nations, thus putting to death the idea of European solidarity, whereas in some areas Europeans are concerned about the same socio-economic concerns and threatened by the same dangers at the international level. It is possible to find a third way between the isolationism of a poorly managed national retreat or an authoritarian supranational bureaucracy.

This is not about making a "fortress" out of Europe, fortress being a clever term used by the enemies of real Europe. This should be about preventing the cultural, economic, spiritual and political destruction of our continent and its peoples.

Definition of the "European Confederation"

"The *European Confederation is an association of sovereign European states through a Charter or Treaty. It allows the exercise of certain powers through common bodies designed to coordinate policies requiring unanimity in a number of areas,*without ever establishing itself as a superior power to the associated states."

It can be found in the 'preamble' project

"The *European Confederation is an association of European* states and nations. *The Confederal Treaty/Charter defines the institutional method of cooperation for the equality of Nations, the maintenance of peace and sustainable prosperity. The European Confederation aims to put the best of everyone for the benefit of all.*

This definition is the opposite of that of the supranational federation.

This original model of European confederation is not a step towards a federation, as was the case in Switzerland. Its design is different and finds its guarantee of stability and duration in the very nature of Europe. In addition to its area, there is the factor of its great diversity. A diversity that is cultural as well as linguistic, spiritual, economic and political. This fact must be seen as a guarantee that we are immune from absurd, undemocratic and forced harmonization of all kinds of harmonization.

Treaty / Charter
For a European Renaissance

Preamble

"The *European Confederation is an association of European* states and nations.

The Confederal Treaty/Charter defines the institutional method of cooperation for the equality of Nations, the maintenance of peace and sustainable prosperity.

The European Confederation aims to put the best of everyone for the benefit of all.

***

Inspiring us from a legacy of European history,

Being positive that Europe is a reality based on civilizational and geographical boundaries,

Convinced that the peoples of the Nations of Europe must live in peace and trust,

Confident that the peoples of the Nations of Europe must be able to remain free but that they must know how to cooperate in order to secure a better future, individually and collectively,

Assured that the free states of Europe, strengthened by consensual cooperation, offer themselves the best chance of securing a future of prosperity and peace, solidarity and order in order to preserve future generations,

Determined to find a way out of the institutional,

political and economic problems arising from the various treaties of the European Union,

Recognizing free Europeans and of good will for having worked on the founding of this Confederate Treaty/Charter for the common good,

The governments of the associated states, after consultation with the peoples of Europe, have:

Goals of the European Confederation

The Treaty/Charter establishing the European Confederation aims to ensure:

Peace - Freedom - Prosperity - Security - Independence - Solidarity

Peace: the First and Second World Wars were the cause of a collective civilizational suicide, the acceleration of the disenchantment of the world mired in the blandness of a consumerist globalism. But these past wars have nevertheless shaped territories and consciences. These historical facts, among others, have given individuals the awareness of belonging to a community of destiny with varying degrees. From local to regional, national to European. This blood shed and these sacrifices require that a lasting peace be maintained in the name of the common good.

Freedom: the freedom of women and men, nations and peoples. Freedom of expression, religion and conscience, freedom and the right to defend themselves, economic freedom, freedom to move safely. Confederation will be preferred to any supranational institutional form in order to protect us from the natural excesses of an authoritarian superstate aiming to harmonize everything through bureaucracy or force.

Prosperity: Peace and freedom ensure the functioning of an internal market and an economic zone determined by advantageous rules allowing economic growth as well as social protection and de facto solidarity. In reality, maintaining these guarantees must involve the preference and protection of both national and community workers, the reconquest of the internal market and the support of research in the name of the best interests of the European nations. Restoring the right of associated states to borrow from their central banks without interest.

Security: the common threats weighing on Europeans in terms of terrorism, religious radicalism due to uncontrolled extra-European migratory pressure in particular, and serious ecological and health risks call for additional and concerted community protection to guarantee the health, peace, freedom and independence of the Nations and peoples of Europe.

Independence: Confederal Europe cannot be the vassal of any foreign power or international institutions that do not allow it to flourish. It must regain and ensure its political, diplomatic, economic and technological independence while promoting a model of respectful partnership with other major world powers. As a result of growing international instability, the nations associated with a liberated Europe must regain a prominent place because of their millennial political, military and diplomatic experience.

Solidarity: European nations and peoples will need mutual assistance in the event of crises and threats to their common interests. A support policy for poor European countries must be sustained under strict conditions as well. The redefinition of the international solidarity of the EC will act in view of a new conditioned and effective partnership towards poor countries outside Europe for their economic and political development aimed at stopping their emigration and the return of populations that have been economically and/or militarily displaced.

I - Defining EC values

Article I-1 EC Implementation

Inspired by the will of the free peoples and nations of Europe to live in peace and to allow prosperity between them and the rest of the world.

The present Treaty/Charter establishing a European Confederation coordinates the policies of the Associated States aimed at achieving together and by common agreement the objectives of lasting peace and real economic prosperity.

The European Confederation is open to all European States where the will to adhere has been expressed through a referendum.

The accession of a European State, following a referendum, is validated by a unanimous decision of the associated States of the European Confederation by the vote of the European Confederal Council.

Article I-2 EC Values

The European Confederation is founded on the common values of respect for the sovereignty of the Nations of Europe, the right of peoples to self-determination, the cooperation of the associated States, freedom, justice, entrepreneurship, solidarity, equality of opportunity through merit, respect for human life, respect for the identity and spirituality of the European peoples.

Article I-3 EC's objectives

The European Confederation aims to promote peace between its sovereign nations, its free peoples and the rest of the world.

The European Confederation wants to defend the cultural and spiritual integrity of European civilization and ensure respect for its economic, political and military independence.

The European Confederation offers every European a common area of freedom, security and priority access to an advantageous economic zone.

The European Confederation recommends justice and solidarity for all within the nation states. Equality between women and men, intergenerational solidarity and the protection of children's rights.

The European Confederation, working for peace and stability, establishes the confidence necessary for the development of adjusted rules for sustainable economic growth for each of the associated states and solidarity between these states.

The European Confederation promotes goals of preserving nature and the reasoned use of science in the name of the environment, renewable energy and new technologies.

Article I-4 EC and Associated States

The European Confederation is the guarantor of equality within the mechanism of cooperation between the associated states as well as respect for their national identity, inherent in their fundamental political and constitutional structures. It respects the central administrative functions of each associated state.

In accordance with the principle of cooperation, the European Confederation and the Associated States respect and assist each other in the event of a global or particular crisis.

Article I-5 EC law

The European Confederation, In exercising the powers conferred upon it, defends the interests of the free association of its associated States, whose sovereignty and respect for laws and customs is guaranteed. Only the agreements of the European Confederation decided unanimously shall be applicable within and between the associated states

Article I-6 Legal Personality

The European Confederation has a special legal

personality.

This personality is not superimposed on that of the Associated States.

It is associated with the latter.

Article I-7 EC Attributes

The emblem of the European Confederation represents (...). Within the associated states, it is the second, third or fourth official flag according to the order of disposition present. Nation / Region / Commune / Confederation.

The emblem of the European Confederation represents (...). **"Allies in Peace"**

The currency used within the EC is either national or common. Following its re-foundation into a confederal entity, a referendum will have to determine which associated states wish to remain in the euro area or not.

Euro coins and banknotes have a common face and a national face.

II - Rights and duties within the EC

Article II - 1 The EC and The Law of Associated States

The European Confederation recognises the sovereignty, freedoms and common principles of the associated states.

The right of withdrawal by referendum is granted to the associated States, in the name of the right of nations to self-determination.

Article II - 2 Membership of the EC

Any individual who holds nationality of a member state is a member of the European Confederation. Citizenship remains national, it guarantees the right to travel without visas but at the discretion of the customs authorities of the countries associated within the Confederation.

The inhabitants of the European Confederation shall enjoy the rights and duties of their respective States and shall enjoy in common the rights and duties decided unanimously between the associated States. They have:

The right to travel and stay within the territory of the Associated States; the obligation to respect the rights and duties of the country where they are staying.

Citizens of a country associated with the Confederation are required to have basic knowledge of the language, laws and institutions of the host country in which they wish to reside for an indefinite period of time.

The right to vote and to stand for election to the **Parliament of Nations.** The right to vote in municipal elections in the Associated State in which they have resided for at least 5 years, under the same conditions as nationals of that State.

The right to benefit, in the territory of a third country where the associated State of which they are nationals is not represented, from the protection of the diplomatic and consular authorities of any other associated State under the same conditions as the nationals of that State.

The right to address petitions to the Parliament of the Nations as well as the right to address the institutions and consultative bodies of the European Confederation in one of the languages of the associated States of the European Confederation and to receive a reply in the same language.

III - EC Jurisdiction

Articles III-I Fundamental Principles

The principle of conferral governs the delimitation of the jurisdiction of the European Confederation. The European Confederation is an intergovernmental para-state organization that shall act within the limits of the jurisdiction conferred upon it by the associated states. Any jurisdiction not assigned to the European Confederation belongs to the associated states.

The European Confederation has no exclusive jurisdiction in any area. The competences chosen are shared. They support, coordinate or complement the associated state in certain areas. The exercise of jurisdiction by a limited number of associated states is still possible through the enhanced cooperation mechanism.

The content and form of the European Confederation's action do not exceed what is necessary to achieve the objectives. National governments and parliaments ensure that this principle is respected.

Article III-2 Competences categories

The European Confederation can only legislate and adopt legally binding acts with the unanimity of the associated States.

Within the European Confederation, the Associated States shall legislate and adopt internal legal acts in all areas, with the exception of those areas or legally binding acts that have been taken unanimously by its associates, in the name of the general interest of the European Confederation and its associates.

In certain areas and under the conditions laid down in the Treaty/Charter, the European Confederation has the jurisdiction to carry out actions to support, coordinate or supplement the action of the defaulting Associated States, without replacing their competences in these areas.

Article III-3 Areas of shared, non-sovereign jurisdiction.

The European Confederation has a shared jurisdiction with the associated states

The powers shared within the European Confederation are limited to the following areas:

a) common market,

b) global security threats,

c) global health threats,

d) fields of research, technological development and space,

e) environment;

The European Confederation has the power to carry out actions, in particular to define and implement programs, without the exercise of this competence having the effect of preventing the associated States from exercising their own and cooperating with each other according to their choice.

In the fields of development cooperation and humanitarian aid, the European Confederation has the competence to carry out actions and a common policy, without the exercise of this competence having the effect of preventing the associated States from exercising theirs.

Article III-4 Areas of Direct Jurisdiction Under Control

The European Confederation has direct and controlled competence at the service of the Associated States in the following areas:

a) The establishment of the rules of competition and Community preference necessary for the functioning of the internal market,

b) monetary policy for the Associated States whose currency will remain the euro (redefinition of the role of the European Central Bank/National Central Bank),

c) Enhanced controls (police/justice cooperation) at external borders.

Article III-5 Confederate Security Policy: "Common defense solidarity"

The European Confederation, non belligerent in its philosophy, has a jointly and unanimously controlled jurisdiction to define and implement a defensive security policy. This jurisdiction cannot prevent associated states from exercising their own and cooperating with each other according to their choice.

If a threat from a third country to one of the associated states is threatened, the entire European Confederation is threatened. The principle of "common defense solidarity" applies, where the European Confederation unifies its territory for the duration of the crisis and where each associated state diplomatically or even militarily assists the associated state under attack.

Associated States actively support the common security policy in a spirit of loyalty and mutual solidarity. They refrain from any action contrary to the interests of the European Confederation or likely to undermine its effectiveness.

IV - EC institutions and bodies

Article IV-1 The institutions of the European Confederation

The European Confederation has an institutional framework designed to serve the interests of the peoples of the associated European States. This institutional framework includes:

The Parliament of Nations,
The European Confederal Council,
The Council of Ministers,
The Confederal Court of Justice.

Each institution shall act within the limits of the powers conferred on it in the Treaty/Charter, in accordance with the procedures and conditions laid down therein. Institutions practice fair cooperation among themselves.

Article IV-2 The Parliament of Nations.

The Council of Ministers, together with the European Confederal Council, carries out the functions of political and budgetary proposals. It performs advisory functions and political proposals in accordance with the conditions of the

Treaty/Charter.

The Parliament of Nations is made up of representatives of the citizens of the associated states of the European Confederation. The representation of citizens is provided proportionally, with a minimum threshold of six elected per associated state. No associated state is allocated more than ninety seats. The assembly does not exceed eight hundred members.

The European Confederal Council shall adopt unanimously, on the initiative of the Parliament of the Nations and with its approval, a European decision determining the composition of the Parliament of the Nations, in accordance with the principles referred to in the first paragraph.

Members of the associate states of the Parliament of Nations are elected by direct universal suffrage in a free and secret ballot for a five-year term.

The Parliament of Nations elects its President, Vice-Presidents, Quaestors and Board among its members.

Article IV-3 The European Confederal Council

The European Confederal Council is the kingpin of the Confederation. It is made up of the heads of state or government of the associated states.

The meeting place of the European Confederal Council is turning and must take place each time in a different capital from one of the associated states according to an established order.

The European Confederal Council also meets on the proposal of its president. When the agenda requires it, the members of the European Confederal Council may decide to be assisted each by a minister of their choice.

The European Confederal Council votes unanimously on its own. In the event of a vacancy of power in an associated state, the European Confederal Council must suspend its decision except in case of force majeure: natural disaster, threat of war, threat of pandemic.

/ **The President of the European Confederal Council**

The presidency of the European Confederal Council is limited to a technical role. The presidency is rotated on a non-renewable two-and-a-half-year term. In the event of an impediment, end of national mandate or serious misconduct, the European Confederal Council may terminate its functions under the same procedure. The President of the European Confederal Council:

a) presides over and animates the work of the European Confederal Council,

b) ensures the preparation and continuity of the work of the European Confederal Council in cooperation with the other institutions,

c) works to facilitate cohesion and consensus

within the European Confederal Council,

d) presents a report to the institutions of the European Confederation following each of the meetings of the European Confederal Council,

Article IV-4 The EC Council of Ministers

The Council of Ministers, together with the Parliament of Nations, carries out the functions of political and budgetary proposals.

The Council of Ministers is composed of a representative from each state associated with the ministerial level, empowered to engage the government of the associated state it represents and to exercise the right to vote.

The Council of Ministers decides unanimously.

/ The configurations of the Council of Ministers

The Council of Ministers sits in various configurations.

The General Affairs Council ensures the coherence of the work of the various configurations of the Council of Ministers. It prepares for meetings of the European Confederal Council

The Council on Foreign Affairs analyses and develops a possible external action of the European Confederation unanimously according to the strategic lines set by the European Confederal Council and ensures the coherence of the action of the European Confederation.

A committee of permanent representatives of the governments of the associated states is responsible for the preparation of the work of the Council of Ministers.

The presidency of the Council of Ministers' configurations is carried out by the representatives of the States associated with the Council of Ministers according to an egalitarian rotation system, in accordance with the conditions provided for by a decision of the European Confederate Council.

Article IV-5 The Confederal Court of Justice

The Court of Justice of the European Confederation includes the Court of Justice, the General Court and specialized courts. It ensures respect for *sui generis* confederal law in the interpretation and application of the Treaty/Charter. It has no supranational autonomy. The Court of Justice is not a Constitutional Court but a mediator for the resolution of disputes allowing the development of the cooperation mechanism.

Associate States establish the necessary remedies to ensure effective judicial protection in the areas covered by *sui generis* confederal law.

The Court of Justice of the European Confederation

is composed of one judge per associated state. It is assisted by attorney general. The General Court has one judge per associated state. Judges and attorneys general of the Court of Justice of the European Confederation and judges of the General Court are chosen from among the personalities offering all guarantees of independence.

They are appointed by mutual agreement by the governments of the associated states for three years. Outgoing judges and attorneys general are not renamed.

The EC Court of Justice rules:

a) on appeals by an associated state, institution or individuals or legal entities; against an associated state, institution or individuals or legal entities;

(b) at the request of national courts on the interpretation of *sui generis* confederal law.

Article V- 1 The European Central Bank "ECB"

The role of the European Central Bank is being redefined, notably by the abolition of Article 104 of the Maastricht Treaty. The ECB is the central bank of the European Confederation. It is responsible for planning and coordinating the broad orientations of the euro zone's monetary policy for those countries that have decided to keep the common currency. An alert and correction system is set up through the exchange of best practices of the national central banks of the associated States of the European Confederation.

The recast ECB returns the right of the states that left the euro zone to monetary creation via the independent national central banks.

The restructured ECB and the National Central Banks regain the right to create money by taking it back from private banks for the purpose of a healthy and interest-free public investment.

V - Case of the European Commission

The decision-making process in force in the European Union is being re-founded.

Article V-1 End of The Initiative Monopoly

The monopoly of initiative, a right conferred on the European Commission, and which gave it the mandate and obligation to make proposals on the matters contained in the Treaty/Charter of the European Union, is repealed.

In order to prevent any supranational drift, the guardians of the Confederal Charter are jointly the European Confederal Council and the Parliament of Nations.

Initiative is a right that must be based on democratic legitimacy. Legitimacy that belongs to the European Confederal Council and the Parliament of Nations alone. Co-decision shall apply.

Diplomatic representation and international negotiations belong to the Associated States or to the European Confederal Council when it concerns common interests decided unanimously with the opinion of the Parliament of the Nations.

Article V-2 Reconversion

The function of European Commissioner, freed from all national subordination, is abolished.

The general directorates and specialized services that will be maintained are attached to the European Confederal Council and the Parliament of the Nations. The functions of these new units have both execution and search functions. The Directorates General (DGs) and specialized services also continue to exercise their role of consulting the various interest groups as well as national administrations in order to provide the informal basis for the initiative of the European Confederal Council and the Parliament of the Nations.

Representatives of national and regional administrations, interest groups and lobbies continue to sit on advisory management committees: the Publications Office allows for the consideration of confederal and/or targeted actions.

The buildings and offices of the former European Commission are divided according to the needs of the European Confederal Council and the Parliament of Nations.

The European Confederal Council should allow the establishment of a European Research Centre from the former "Research General Directorate" by the European Commission. This European Research Centre will be provided with enhanced human and material resources.

Conclusion

Over the years spent within the European institutions, from parliamentary assistant to Secretary General of a political group, I have gradually wondered about the future of the nations and peoples of Europe in the face of the drifting institutional mechanisms of the European Union.

An initiative in search of a more effective and legitimate democratic functioning in the historical context of ours. For this reason, I immersed myself in reading the European Convention, the late draft European Constitutional Treaty, and then the Treaty of Lisbon. A first draft of this track for a confederal solution was drafted as early as 2009. A short essay that I wanted to update following the French presidential election in May 2017, BREXIT and during this period of suspended time that will have been the crisis of Covid-19.

I am not convinced by narrow souverainism or globalist and ultra-liberal federalism. Not having found a clear answer, I sought my own, wishing to share a vision, to express a sensibility, as a French patriot, as a committed European, evolving among other Europeans of the same sensibility.

Far from wanting to create a utopia, I wanted to

give the constructive reason for my own opposition to European federalism to fuel the debate in favor of another Europe. A Europe free from all external domination, a Europe of cooperation that favors us economically, that protects us from both uncontrolled mass immigration and terrorism, a Europe of growth, certainly, but also one that has remained faithful to its civilization over several millennia.

As I wrote in the preamble, I remain convinced that in May 2005 when the French and the Dutch said NO to the draft Constitutional Treaty, when the Irish rejected the Lisbon Treaty in June 2008, they did not all say NO to Europe, but expressed their desire to see a different construction of Europe.

On the basis of this observation, I wanted to reflect on an alternative European construction that could today win collective support. With a view to proposing the broad outlines of a Charter or a re-founding Treaty establishing a form of intermediate European construction that could extend as far as Russia. A project that would protect us both from the super federalist state or from a withdrawal of nations leading to the end of all European construction. Because I am convinced that it is necessary for Europeans to remain in solidarity and cooperate with each other in certain areas in the face of unbridled globalization, which is increasingly jeopardizing the goal of a more balanced multipolar world.

ABOUT THE AUTHOR

Ludovic de Danne, born in 1975 in Paris, is a former senior French civil servant who spent his career in the European Parliament from 2004 to 2018.

Successively, parliamentary assistant, political adviser then Secretary General of the ENF parliamentary group, he has been a privileged witness of the various stages and recent transformations of the European Union.

"Mutatis mutandis." Not convinced, either by narrow sovereignism or by globalist and ultra-liberal federalism, Ludovic de Danne sought an answer regarding the future of Europe. He wanted to shape and share his vision in this manifesto as a patriotic Frenchman and a European committed to peace and prosperity.

www.ingramcontent.com/pod-product-compliance
Lightning Source LLC
Chambersburg PA
CBHW061242140726

47998CB00006B/2065